Glitzerplanet IR01

Feni und Sesé auf ihrem Weg
in eine nachhaltige Zukunft

Text, Illustrationen und Satz von: Franziska Herrmann (www.franziska-herrmann.de)
Gender & Diversity-Lektorat: Ines Pohlkamp (www.inespohlkamp.de)
Lektorat: Anke Fischer (www.anke-fischer.de)
Schrift: "Mr Dodo" von: Aleksandra und Daniel Mizielinscy

Verlagslabel: Franziska Herrmann - Nachhaltiges Grafikdesign

ISBN Hardcover: 978-3-384-01531-0

Druck und Distribution im Auftrag:
tredition GmbH, Heinz-Beusen-Stieg 5, 22926 Ahrensburg, Germany

An die (Vor-)lesenden

Ich möchte in einer Gesellschaft leben, in der die Menschen vorurteilsfrei aufeinander zugehen. In der keine Person von einem Spiel, einer Tätigkeit oder einem Job ausgeschlossen wird, weil es ihr aufgrund des Geschlechts, des Aussehens oder der Herkunft nicht zugetraut wird. Eine Welt, in der Menschen aller Geschlechter sowie BIPoC und Personen mit Beeinträchtigung in allen Positionen sichtbar sind, ohne dass darüber gesprochen wird, weil es zur Normalität gehört.

Dieses Buch soll Kindern Mut zusprechen, sich zu offenen, neugierigen und starken Menschen zu entwickeln. Menschen, die sich trauen, für andere einzustehen und die Welt (politisch) zu gestalten. Die Planetenkinder in diesem Buch sehen ganz unterschiedlich aus, jeder Körper ist anders, jedes Kind wurde anders geboren. Denn wichtig ist, WER wir sind und nicht, wie wir aussehen. Wir leben in einer Welt voller seltsamer Erwartungen – lasst sie uns gemeinsam hinterfragen!

Und ganz nebenbei handelt die Geschichte vom Klimawandel…

Eure Franzi
(sie / ihr)

Grafikdesign | Illustration | 2D Animation
Öko-soziale Gestaltung mit Mehrwert von

NACHHALTIGES GRAFIKDESIGN
www.franziska-herrmann.de

FRANZISKA HERRMANN

Glitzerplanet IRO1

Feni und Sesé auf ihrem Weg in eine nachhaltige Zukunft

Wir spielen alle mit:

Feni lebt mit Papa Bo in einem kleinen Häuschen am Rande der Stadt. Dem Iro-Kind fehlt von Geburt an ein Auge. Es sieht mit dem anderen dafür doppelt so gut. Feni liebt Abenteuer, Glitzerbeeren-Kuchen und möchte das größte regenbogen-glitzer-genialste Spielzeug der Welt bauen.

FENi

Sesé lebt mit Mama und Mami im gleichen Stadtteil wie Feni. Die beiden sind befreundet, seit sie denken können. Sesé liebt Karamell-Bärchen, Schmetterlinge und das Erfinden von neuen Sachen.

SESÉ

Bo ist Fenis Papa. Nachhaltigkeit ist für ihn ein wichtiges Thema. Er liebt es zu backen und zu kochen. Am liebsten backt er mit Glitzerbeeren. Darüber freuen sich auch die anderen.

FENIS PAPA
„BO"

Elif ist Sesés Mama. Sie liest gern und erzählt die besten Witze.

Witze

SESÉS MAMA
„ELIF"

SESÉS MAMI
„MEX"

Mex ist Sesés Mami. Sie liebt es, alles selbst zu bauen und hat deshalb eine große Werkstatt mit allen Werkzeugen, die es gibt.

Es gibt einen Planeten, den niemand auf der Erde kennt. Um ihn zu finden, musst du im Winter nordöstlich durch die Milchstraße reisen. Sobald du das Sternbild „Orion" passiert hast, gelangst du zum großen Einhorn, das etwa 691 Lichtjahre von der Erde entfernt ist. Lande nun im Sternhaufen M50. Von hier aus kann leider kein Raumschiff weiterfliegen. Steige deshalb auf eines der vielen dort lebenden Einhörner um. Du musst ihm nur ins Ohr flüstern, wohin du möchtest. Dann wird es hinter der Milchstraße einmal links und einmal rechts abbiegen, dann dem Glitzerstaub bis zum Ende folgen. Und schon bist du da – auf dem Planeten

IRO1.

IR01
WILLKOMMEN
Milchstrasse
M50

Die Atmosphäre auf IR01 ist ähnlich wie auf der Erde. Es gibt Bäume, Häuser, Pflanzen, und Lebewesen, auch wenn sie etwas anders aussehen. Die Kinder lachen, weinen, freuen und ärgern sich auch hier. Sie gehen in den Kindergarten und in die Schule und treffen sich zum Spielen.

Der größte Unterschied zur Erde ist aber: Es gibt ganz viel Glitzer in der Natur. Besser gesagt, es gab ihn.

Aber warum?!

Auf dem Planeten IRO1 kann sich jedes Lebewesen, einfach ALLES herbeiwünschen – verrückt, nicht wahr?! Es muss sich den Wunsch nur ganz genau vorstellen. Wenn es aber beim Wünschen den kleinsten Fehler macht, erscheint der Gegenstand genauso ungenau, wie er gewünscht wurde. Die meisten werfen diesen dann weg und probieren es noch mal. Und so füllt sich der Planet mit allerhand komischen Dingen.

Doch für jeden gewünschten Gegenstand verschwindet etwas von der Oberfläche des Planeten. Zum Beispiel Bäume, Tiere, Eis und Glitzer.

Alle auf IRO1 wissen das. Aber sie haben es sich angewöhnt, sofort alle Wünsche zu erfüllen, wodurch sie vergessen haben über die Folgen nachzudenken.

Nun gibt es kaum noch Bäume oder Blumen. Fische sterben, weil in den Flüssen und Meeren so viel Müll schwimmt.

Aber das Schlimmste: Die Lebewesen werden immer trauriger, weil ihnen der Glitzer fehlt!

Denn der natürliche Glitzer ist der Treibstoff zum Glücklichsein. Das weiß wirklich jedes IRO-Kind!

Im Schulunterricht sehen die IRO-Kinder auf Bildern, wie bunt, glitzernd und voller Tiere ihre Welt früher war. Leider funktionieren die Wünschezauber nicht bei natürlichen Dingen. Bäume, Tiere, Eis und Glitzer müssen lange wachsen und gedeihen, bis sie nachgewachsen sind.

SCHAUEN WIR UNS DAS LEBEN AUF DEM PLANETEN MAL GENAUER AN:

Wir besuchen Feni. Das IRO-Kind ist 125 Planeten-Jahre alt und lebt mit Papa in einem kleinen Häuschen am Rande der Stadt.

„Betreten auf eigene Gefahr!" steht auf einem großen Papier, das Feni an die Zimmertür hängen will, aber nicht dorthin kommt. Überall liegt Spielzeug. Am Boden ist kaum ein freier Fleck mehr zu sehen, dafür Berge an Spielsachen und merkwürdigen Gebilden. Feni liegt auf dem Bett und starrt an die Decke. Diese ist der einzige Ort im Zimmer, der nicht vollgepackt ist.

„Das darf doch nicht wahr sein! Nie kommt beim Wünschen heraus, was ich möchte.", grummelt Feni und blickt auf all die seltsamen Gegenstände, die gerade angekommen sind, und probiert es weiter. Natürlich weiß das IRO-Kind über die Probleme auf dem Planeten Bescheid. Trotzdem ploppen ständig neue Sachen auf: Kristalle, Dingel-Blibber, Kuscheltiere, Glitzersand und Traumflieder.

IRO
ÄRGER
DICH NICHT
2-5 0
Betreten
AUF
eigene
GEFAHR
SPIEL

Heute kommt Sesé zu Besuch. Die beiden Kinder kennen und lieben sich, seit ihrer Geburt. Papa ist gut mit Sesés beiden Mamas befreundet. Sonntags kommen alle drei oft zum Spielen und Plaudern vorbei. Aber heute kann sich Feni gar nicht richtig auf Sesé freuen. Es gibt doch nichts zum Spielen! Deshalb muss schnell etwas Neues her.

Glibber-Lampen, Rollgleiter und eine Röhren-Bildschirm-Maschine ploppen fast gleichzeitig im Zimmer auf, als es an der Tür klopft:

„Herein...?!" Die Tür wird aufgedrückt und schiebt einen großen Haufen an Gegenständen zur Seite.

Fenis Papa zwängt seinen Kopf durch den Türspalt und ein wunderbarer Duft strömt ins Zimmer. Papa backt seinen Regenbogenkuchen mit Glitzerbeeren. Er backt selbst, anstatt sich den Kuchen herbeizuwünschen. Er sagt, dass er dann genau weiß, welche Zutaten im Kuchen sind und wo sie herkommen. Außerdem wünscht er dann nicht aus Versehen etwas Wichtiges vom Planeten weg.

QUERZ
1
3
5
7
9
11
13
15
17 SESE
19
21
23

„Was hast DU dir denn alles gewünscht?", fragt Papa und sieht sich
um. „Wir haben doch darüber gesprochen. So viele Karamell-Bärchen
sind ertrunken, weil Leute sich das Eis unter ihren Füßen weggewünscht
haben!"

„Papa, ich wünsche mir doch nur das regenbogen-glitzer-genialste
Spielzeug der Welt, aber es klappt nicht. Ich weiß nicht, was ich sonst mit
Sesé spielen soll. Wir haben schon alles gespielt!", beteuert Feni und rollt
mit dem Fuß eine glitzernde Glaskugel zur Seite.

„Ich verstehe dich, mein Kind. Aber du könntest mit Sesé auf
Schatzsuche in deinem Zimmer gehen. Ich wette, dass ihr wahre Wunder
entdeckt und du gar nichts Neues brauchst", sagt Papa. Dann deutet er
mit einem Kochlöffel auf das Chaos im Zimmer: „Räume doch bitte vorher
ein wenig auf, in zehn Minuten sind sie da.",

Er schließt die Tür. Einige Spielsachen fallen um – und Feni hat nur
einen Gedanken:

„WO SOLL ICH NUR MIT DEM AUFRÄUMEN ANFANGEN?!"

Feni schiebt Spielsachen von einem Ort zum anderen, da klingelt es
an der Tür.

Sesé ist endlich da! Die beiden Kinder rennen sich freudig entgegen
und umarmen sich. Auch auf Sesés Eltern hat sich Feni sehr gefreut,
denn Mami kann jede Frage beantworten und Mama erzählt die
lustigsten Witze.

Sesé hat heute ein kaputtes Spielzeug mitgebracht.

„Ich dachte, wir könnten es zusammen reparieren", meint Sesé.

„Reparieren? Wie soll das gehen?", antwortet Feni.

Sesé stellt einen riesigen Werkzeug-Koffer ab.

„Den hat Mami mir gegeben. Sie hat mir alles erklärt und jetzt weiß ich, wie wir unser Spielzeug reparieren und sogar verbessern können. Wir könnten damit sogar Spielzeug bauen, ohne uns etwas zu wünschen, damit IRO1 nicht kaputt geht."

Feni klatscht in die Hände:

„Das klingt regenbogen-glitzer-fantastisch!"

Sesé erklärt Feni jedes Werkzeug und holt das Spielzeug heraus:

„Diese Puppe kann sich selbst bewegen. Mami hat sie gebastelt. Aber ihr fehlt ein Bein und jetzt kann sie nicht mehr so schnell rennen. Was können wir tun?"

„Oh, die ist aber schön", ruft Feni. „Irgendwo habe ich noch ein paar alte Spielzeug-Räder. Wir können damit einen Rollstuhl bauen."

Sesé und die Puppe sind von Fenis Idee begeistert. Sie wühlen sich durch die Spielzeug-Berge und finden alte Bücher, die sie als Sitzfläche montieren und Bänder, die sie als Gurt verwenden. Stifte werden zu Armlehnen. Nachdem die drei alles montiert haben, malen sie den Stuhl mit Glitzerstiften bunt an. Die Puppe setzt sich auf ihren neuen Platz und lächelt.

COOL

„Das hat Spaß gemacht... komm, lass uns noch mehr reparieren", jauchzt
Feni und hat eine Idee: „Wie wäre es, wenn wir das regenbogen-glitzer-
genialste Spielzeug der Welt bauen! Das möchte ich schon so lange –
und es zu wünschen hat nie geklappt."

Sesé schaut sich im Zimmer um: „Wir legen alle kaputten oder
komischen Sachen auf einen Haufen. Die Sachen, die noch in Ordnung
sind, legen wir auf einen zweiten Stapel und alles was glitzert, auf einen
dritten. Dann schauen wir, was wir daraus bauen können."

„Ihr seid ja genial", staunt Papa, als er hört, was die Kinder vorhaben.

Er ruft Mami und Mama dazu. Alle helfen beim Sortieren und Bauen.
Sie nehmen auseinander, schrauben, kleben, schweißen und hämmern,
schneiden, falten, bügeln und malen.

Am späten Nachmittag haben sie ein riesiges Spielgerät zusammengebaut, das kaum noch ins Zimmer passt.

„Lasst es uns in den Garten bringen, dort ist mehr Platz und wir können weiterbauen. Kommt, wir laden die Kinder aus unserem Viertel dazu ein", schlägt Mama vor.

Die Idee spricht sich schnell rum. Kinder und Eltern aus der Nachbarschaft kommen vorbei und bringen gebrauchte Spielsachen mit: Steckbausteine, Traumlichter, Gibbel-Blätter, Stofftiere, Puppenhäuser, alte Tablets und Computer.

Die Sachen, die sie nicht verbauen, stellen sie in ein Regal. Dort können die Kinder ihre alten Spielsachen hineinstellen und sich dafür andere herausnehmen.

Macht alle mit
Versteck-ERLEBNIS
SUPER-SCHAUKEL
Super Rutsche
Seifenblasen-maschine

Am Abend sind sie fertig. Und was haben sie gebaut?

Die regenbogen-glitzer-genialste Spielburg der Welt!

Betreten können es die Kinder über bunte Gänge und Leitern oder Rutschen. Im Inneren finden sie kleine Höhlen mit Kissen und Decken darin. Auch Sesés Puppe kann überall mitspielen, weil es einen Aufzug in alle Etagen gibt. Sie fährt mit der Rollstuhl-Rutschbahn, bis ihr schwindelig wird.

Die Kinder entdecken Lichterketten, Kurbeln, die verrückte Konstruktionen in Bewegung setzen und Telefone, mit denen sie von Raum zu Raum telefonieren können.

Über ein altes Bettgestell springen sie mitten in ein Glitzer-Bällebad, das Sesé und Feni in einem alten Boot gebaut haben. Welch ein Spaß!

Und ganz oben haben Mama, Mami und Papa eine Regenbogenflagge angebracht die bedeutet:

„Alle sind willkommen."

Niemand musste sich dafür etwas Neues wünschen. Die Burg glitzert in den schönsten Regenbogenfarben. Mit gebrauchten und kaputten Sachen haben sie alle ein Wunder vollbracht. Die Kinder sind glücklich und zufrieden, wie schon lange nicht mehr. Denn wie wir wissen: Glitzer ist auf IRO1 der Treibstoff zum Glücklichsein! Und die Burg hat jede Menge Glitzer...

Sesé sitzt auf einem Fahrrad, das mit Lichterketten und Disco-Kugeln verbunden ist. Durch das Fahren fängt alles an bunt zu leuchten. Feni lässt durch eine Kurbel Murmeln über Holz, Glas und Metall rollen, wodurch Musik erklingt. Papa bringt ihnen Kürbis-Kamelen und Bommelbeersaft-Schorle. Mami schweißt die letzten Teile zusammen. Mama liest Gutenachtgeschichten vor.

Von da an ist das Tor zum Garten mit der Spielburg und den Tauschregalen jeden Tag geöffnet. Kinder kommen aus der ganzen Stadt, um Spielzeug zu tauschen, zu reparieren, zu verbessern, oder einfach nur Zeit in der regenbogen-glitzer-genialsten Spieburg der Welt zu verbringen.

Die Kinder gestalten ihre Welt nachhaltig und haben jede Menge Spaß dabei. Von nun an wünschen sich die IROs selten neue Sachen und sind zufrieden mit dem, was sie haben.

Es verschwinden kaum noch Bäume, Tiere, Eis und vor allem: Glitzer.
Die Karamell-Bärchen können weiterhin auf ihren Eisschollen leben, und wenn sich heute ein Kind eine Kugel Einhorn-Ringel-Eis herbeiwünscht, bekommt es diese auch, weil sich der Planet erholt hat und es von allem wieder reichlich gibt. Und alle passen auf, dass es auch so bleibt!

Was ist eigentlich NACHHALTIGKEIT?!

Das bedeutet, dass etwas gut für die Natur ist, dass niemand dabei benachteiligt wird und eine Entscheidung lange nachwirkt. Wenn wir zum Beispiel Obst und Gemüse anbauen, dann ist es nachhaltig, wenn wir auf gesunden Böden keinen Dünger oder Spritzmittel benutzen, die dem Boden schaden können. Außerdem sollen die Menschen, die dabei arbeiten, fair behandelt werden und genug Geld für ihre Arbeit bekommen. Obst und Gemüse zu essen, ist auch gut für unsere Gesundheit. Bei Nachhaltigkeit geht es also darum, dass wir nicht nur gut auf die Erde aufpassen, sondern auch gut miteinander umgehen.

Hey, mein Name ist Franzi. Ich bin Grafikdesignerin, Illustratorin und 2D-Animatorin und lebe in meiner wundervollen Wahlheimat Bremen. Seit vielen Jahren setze ich mich mit Nachhaltigkeit und Gleichberechtigung auseinander. Diese Werte sind die Grundlage meiner Arbeit.
Ich möchte den Menschen, mit denen ich zusammen arbeite, zeigen, wie sie mit kleinen Schritten einen großen Beitrag leisten können. Jedes Projekt setze ich so umweltschonend und sozial wie möglich um. Dafür informiere ich mich und andere zum Beispiel über die Wahl der Papiere, Druckereien, Formate und vieles mehr.

Ich denke, es ist wichtig, dass jeder von uns seine persönlichen Stärken und Möglichkeiten einsetzt, um etwas Gutes zu bewirken.
Mit dem Schreiben und Illustrieren dieses Buches habe ich mir einen Herzenswunsch erfüllt und möchte genau das erreichen: Etwas Positives für unsere Welt und damit für unsere Zukunft.

Danke von Herzen an alle, die mich dabei unterstützt haben und unterstützen.

Eure Franzi (sie / ihr)

Grafikdesign | Illustration | 2D Animation
Öko-soziale Gestaltung mit Mehrwert von

FRANZISKA HERRMANN
NACHHALTIGES GRAFIKDESIGN
www.franziska-herrmann.de

So kannst DU etwas für's Klima tun

Auf der Erde gibt es ähnliche Probleme wie auf IRO1. Wir können uns Spielsachen und andere Gegenstände zwar nicht mit unseren Gedanken herbeiwünschen, aber so ziemlich alles kann günstig produziert und schnell gekauft werden. Genau wie auf IRO1 werden dafür wichtige Rohstoffe verbraucht und das Klima geschädigt. Du bist Teil unserer wunderbaren Erde und kannst helfen, sie sauber und gesund zu halten:

Fahre mit dem Fahrrad, laufe oder nutze öffentliche Verkehrsmittel, anstatt mit dem Auto gefahren zu werden.

Schalte das Licht aus und stelle die Heizung herunter, wenn niemand im Raum ist.

Iss wenig Fleisch und kaufe am Besten saisonale und regionale Produkte.

Vermeide Einweg-Plastik. Verwende stattdessen wiederverwendbare Tüten und Behälter und trinke aus wiederverwendbaren Flaschen.

Engagiere dich für den Umweltschutz. Sprich mit anderen Menschen darüber, wie auch sie helfen können.

Halte dich an die
KONSUMPYRAMIDE !
Selten
KAUFE NEU
KAUFE GEBRAUCHT
MACHE SELBST
TAUSCHE
LEIHE AUS
REPARIERE, WAS DU HAST
NUTZE, WAS DU HAST
OFT
Mit deiner Hilfe können wir eine positive Veränderung für unsere Erde erreichen.

Grafikdesign | Illustration | 2D Animation
Öko-soziale Gestaltung mit Mehrwert von

NACHHALTIGES GRAFIKDESIGN
www.franziska-herrmann.de